Recherche de marketing sur le marché pharmaceutique chinois dans le nouvel environnement

Shizhu MAO

CIP a Camerei Naţionale a Cărţii

Mao, Shizhu.

Recherche de marketing sur le marché pharmaceutique chinois dans le nouvel environnement / Shizhu Mao. – Chişinău : Generis Publishing, 2020 (Print on demand). – 64 p. : tab.
Referinţe bibliogr.: p. 59-61.

ISBN 978-9975-154-58-1.

615.1(517.4):339.138

M 31

Cover image: www.pexels.com/ru-ru/photo/159211/

Generis Publishing
Online orders: www.generis-publishing.com
Orders by email: info@generis-publishing.com

Synthèse

L'industrie pharmaceutique est particulière par rapport aux autres industries. Les produits de sociétés pharmaceutiques sont des médicaments qui sont étroitement liés à la vie et à la santé des individus, et qui favorisent et prolongent la santé et la vie humaine. Par conséquent, avec l'extension de la vie humaine, la croissance du nombre de personnes âgées apporte son soutien à la croissance de l'industrie pharmaceutique. L'inéquilibre du développement économique mondial a entraîné une irrégularité de la consommation de médicaments. L'écart de la consommation de médicaments par habitant entre les pays développés et les pays en voie de développement est très évident, ce qui fournit également une opportunité pour la croissance du marché pharmaceutique dans le futur. Avec le développement de l'économie des pays en voie de développement, le niveau du nombre de médicament peut augmenter, ce qui va donner à l'industrie pharmaceutique une nouvelle opportunité et un plus grand marché.

Le développement économique de la Chine, l'augmentation des besoins de la santé font que la Chine est devenue l'un des pays ayant la plus rapide croissance de l'économie pharmaceutique dans le monde. Selon la croissance naturelle de la population, l'augmentation de la proportion de la population vieillissante, on prévoit que l'économie pharmaceutique chinoise augmentera rapidement et durablement dans les prochaines années.

L'industrie pharmaceutique est une industrie qui demande un investissement important, de grande marge et de haut risque, et qui sera toujours une en expansion. Au cours de la dernière décennie, l'industrie pharmaceutique chinoise a fait l'objet de la faveur du capital. Avec l'intervention de divers types de capitaux, il y a plus de 6,100 entreprises fabriquant des médicaments et le nombre des entreprises commerciales pharmaceutiques a dépassé les 13,000 en 2010. Les nombreux problèmes comme le manque de capacité d'innovation, la dimension limitée des entreprises PME, la duplication des investissements, et les troubles de la circulation sont devenus de plus en plus importants.

La mise en place de diverses mesures politiques et le besoin de saisir le marché, obligent les entreprises à baisser leurs marges afin d'obtenir un avantage concurrentiel. La baisse de profit cause la réduction de l'investissement pour leur propre développement, ce qui fait que la qualité globale des entreprises pharmaceutiques chinoises n'est pas optimale. Le développement rapide du marché et le faible de la qualité des entreprises pharmaceutiques nationales est une contradiction que l'industrie pharmaceutique de la Chine rencontre.

Après l'adhésion à l'OMC de la Chine, le marché pharmaceutique chinois fait face à une forte pression de la concurrence internationale, et les sociétés pharmaceutiques affrontent la nouvelle conjoncture du marché.

Avec l'abaissement des tarifs douaniers dans de nombreux pays, face au marché international, les avantages des entreprises chinoises au niveau de la main-d'œuvre et des coûts de production deviennent plus apparents. Les matières premières chimiques suscitent un fort avantage concurrentiel sur le marché international. Les entreprises de matériaux bruts de produits pharmaceutiques résolvent alors les problèmes de frottement commercial et d'anti-dumping en s'appuyant sur le principe d'égalité de l'OMC, afin d'offrir une protection juridique lors de leur entrée sur marché international. L'adhésion à l'OMC a fourni une occasion pour l'entrée d'un grand nombre de plantes médicinales dans le marché européen. Grâce à son efficacité unique et les faibles effets secondaires, elles sont reconnues et valorisées au sein du marché international.

Ce nouvel environnement en même temps qu'il apporte de nombreuses possibilités aux entreprises pharmaceutiques, leur propose également un défi austère aux entreprises nationales pharmaceutiques. Les contradictions profondes dans le système économique de la Chine et ses problèmes potentiels sont reflétées dans l'industrie pharmaceutique. Les entreprises pharmaceutiques sont généralement de petite échelle, elle est une faible rentabilité, et au sein de l'industrie il y a le protectionnisme endémique. Par conséquent, l'ajustement des entreprises pour répondre aux défis du nouvel environnement seront énormes. Comment peuvent les entreprises pharmaceutiques chinoises règles ce problème?

Grace au développement de l'économie de marché et à la sorties d'une série de mesures de réformes dans le domaine de l'administration des médicaments, des soins de santé, du système d'assurance médicale en Chine, le marché pharmaceutique passe pour une période historique de changement et de transformation.

Les connaissances médicales des consommateurs pharmaceutiques sont également en hausse, leur vue de la consommation est devenue plus rationnelle.

Ils préfèrent aller à la pharmacie au lieu d'aller a l'hôpital. "Pratique, sécurité, rapidité et efficacité" est le slogan actuel des consommateurs des médicaments, celui qui guide comportement des consommateurs et qui a une influence profonde sur le marché pharmaceutique.

La situation actuelle – L'hôpital qui est le marché principal de la consommation des médicaments, sera affaibli; le marché de l'OTC, des plantes médicinales chinoises et le marché rural auront la place la plus importante dans la consommation de médicaments. Comment devraient les entreprises pharmaceutiques chinoises devraient saisir cette opportunité, étudier les produits et le modèle de commercialisation pour répondre aux besoins des marchés de consommation des médicaments ?

Le marketing est le travail fondamental pour la survie d'une société pharmaceutique, cependant le mode de commercialisation de ce secteur est menacé par le nouvel environnement. Les moyens traditionnels comme "le rabais + les dépenses publicitaires énormes + le pot-de-vin", ont été incapable de s'adapter à la concurrence du nouvel environnement. Le marketing pharmaceutique fait face au changement dans du nouvel environnement.

Les entreprises pharmaceutiques devrait avoir une connaissance claire et prospective en élaborant une stratégie raisonnable et pratique, et en comprenant où sont-ils les opportunités, et au quels challenges feront face.

Par conséquent, mon sujet de thèse va porter sur l'analyse de l'environnement du marché pharmaceutique chinois et de l'état actuel du marketing dans cette industrie, le nouvel environnement apporte des opportunités et des défis aux entreprises pharmaceutiques, des contre-mesures face au nouvel changement.

Introduction

Mon sujet de thèse va porter sur l'analyse de l'environnement de marché pharmaceutique chinois et d'état actuel de marketing, le nouvel environnement apporte des opportunités et des défis aux entreprises pharmaceutiques chinoises.

Suivi les changements de l'environnement extérieur comme les promulgations des politiques et règlements différentes et l'adhésion à l'OMC, les entreprises pharmaceutiques chinoises entrent directement en collision avec les entreprises multinationales en termes de niveau de la gestion, l'innovation technologique, la marque, la structure organisationnelle etc.

Le nouvel environnement apporte les possibilités aux entreprises pharmaceutiques, en même temps propose un austère défi aux entreprises pharmaceutiques chinoises. La contradiction profonde et de l'inquiétude potentielle dans le système économique chinois sont également reflétées dans l'industrie pharmaceutique.

Les entreprises pharmaceutiques sont en général à petite échelle, faible rentabilité, le protectionnisme est endémique au sein de l'industrie. Par conséquent, l'ajustement des entreprises à répondre aux défis de nouvel environnement seront énormes.

L'objectif principal de cette thèse étant d'analyser les stratégies de marketing des entreprises pharmaceutiques chinoises, la psychologie de consommation et le comportement sur le marché pharmaceutique dans un nouvel environnement.

Ce mémoire se compose de cinq parties. Dans une première partie, nous allons proposer l'environnement du marché pharmaceutique chinois mais aussi à l'international, en commençant par l'environnement macro, puis en se recentrant sur l'analyse du microenvironnement de marketing sur le marché pharmaceutique chinois et enfin sur le marché de la consommation de médicaments en lui-même.

Dans une seconde partie, nous allons essayer de démontrer que les opportunités et les défis apportés par le nouvel environnement pour les entreprises pharmaceutiques chinoises.

Dans la troisième partie, nous allons analyser l'état actuel du marketing et le changement de marketing sur le marché pharmaceutique chinois.

Dans la quatrième partie, nous parlerons plus spécifiquement du marché pharmaceutique chinois en nous concentrant sur la psychologie de consommation, le comportement de consommation, l'influence des changements de demande de la consommation sur le marché pharmaceutique, en particulier sur le marché OTC, le marché de spécialité pharmaceutique chinoise et le marché rural en Chine.

Nous essayerons enfin dans la dernière partie de ce mémoire, de répondre à la problématique générale en posant des hypothèses portant spécifiquement sur les contre-mesures de marketing des entreprises pharmaceutiques chinoises dans le nouvel environnement.

PARTIE I

L'analyse de l'environnement du marché pharmaceutique

1.1 L'analyse de l'environnement macro

L'industrie pharmaceutique est particulière par apport aux autres industries. Les Produits de sociétés pharmaceutiques sont des médicaments qui sont liés étroitement à la vie et la santé du peuple, et participent amplement à notre longévité. Par conséquence, avec l'extension de la vie humaine, La croissance du nombre des personnes âgées apporte son soutien à la croissance de l'industrie pharmaceutique. La population mondiale a atteint 6 milliards de dollars, et le taux de croissance démographique pour chaque milliard habitants sera plus en plus rapide. Cela va être le plus grand soutient de marché pour le développement de l'industrie pharmaceutique.

1.1.1 L'environnement du marché pharmaceutique mondial

1.1.1.1 Croissance stable du marché pharmaceutique global

Avec l'extension du réseau commercial, l'économie mondiale est plus en plus intégrée. La crise financière procédant des États-Unis a frappé non seulement l'économie des pays en Asie du Sud mais aussi ralenti la vitesse de développement de l'économie mondiale. Heureusement le marché pharmaceutique a peu été affecté par cette crise grâce à son arrière-plan particulier. La croissance maintient stable, le taux de croissance annuel composé de 6% -7%. En 2011, le montant total des ventes pharmaceutiques mondiales a atteint de 890 milliards de dollars.

Ventes mondiales en dollars et croissance du marché mondial entre 2001 et 2011

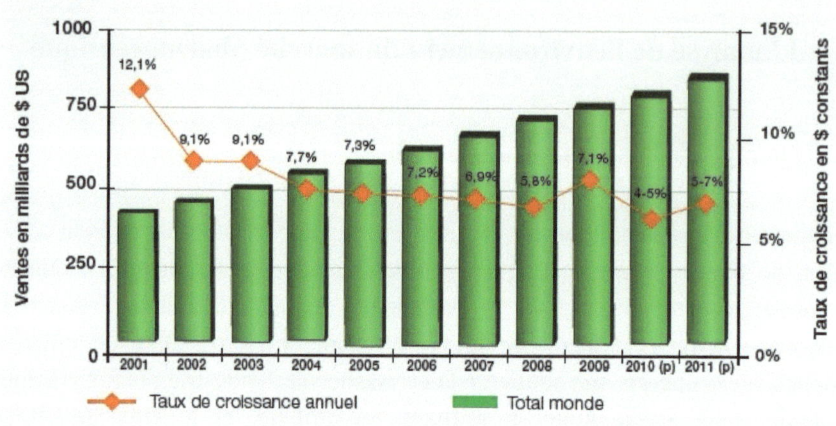

Source: IMS Health, Market Prognostic, Sep 2010①

---

①source : http://www.marketing-sante-guide.fr/wp-content/uploads/2011/contenu.pdf

1.1.1.2 L'industrie pharmaceutique: apport important, risque élevé, rendement considérable

L'industrie pharmaceutique est une industrie qui a besoin d'apport important avec un risque très élevé, ceci se reflète principalement sur le processus de rechercher, développer et de promouvoir d'un nouveau médicament, mais une fois celui-ci obtenu sa propos niche sur le marché, le taux de rendement sera considérable.

1.1.1.3 Développement inéquitable de l'économie pharmaceutique mondial, forte croissance sur le marché chinois.

Malgré le marché pharmaceutique mondial a maintenu un taux de croissance annuel composé de 6% - 7%, la vitesse de croissance sur les différents marchés n'est pas le même. Le marché

américain montrent une croissance rapide et dynamique ces dernières années, le taux de croissance est de 11% sois 120 milliard dollars ce qui représente plus d'un tiers du marché pharmaceutique mondial, stimulant ainsi la croissance du marché pharmaceutique mondial. Le taux de croissance du marché pharmaceutique européen est varié selon le pays. Le marché japonais rencontre une croissance négative à cause de la rupture économique suscité par économie-mousse en année 90s. En général, l'Amérique du Nord, Europe de l'Ouest et le Japon occupent les trois premières, qui représentent plus des trois quarts du marché. Inéquilibre de développement économique a entraîné une inéquilibre de la consommation de médicaments, et en développement de la Chine. L'écart de la consommation de médicaments par habitant entre les pays développés et les pays en voie de développement est très important, ce qui fournit également une opportunité pour la croissance dans la future. Le développement des économies des pays en développement pourront élever le niveau d'emploi de médicament. Cela va donner l'industrie pharmaceutique une bonne opportunité et un plus grand marché.

Les analystes sont très optimistes sur le marché chinois, la Chine est estimée attendre d'un taux de croissance composé moyen de 12,4% dans 5 ans.

1.1.2 Environnement du marché pharmaceutique chinois

1.1.2.1 Développement économique donne un bon environnement pour le marché domestique

Le développement économique fournit un bon environnement pour le marché pharmaceutique national. De 1978 à 2011, l'industrie pharmaceutique a maintenu un rythme de développement rapide, en conformité avec la valeur de la production industrielle, le taux de croissance annuel moyen est de 16,6 %, soit l'un des industries à plus forte croissance dans l'économie nationale de la Chine. Les 11 dernières années de données montrent qu'il y a une relation étroite entre la valeur de la production industrielle pharmaceutique et le produit intérieur brut (PIB), Le taux de croissance annuel de la valeur de la production industrielle pharmaceutique fluctue avec la volatilité de la croissance du PIB, mais le total est toujours supérieur à quelques points de pourcentage du PIB.

1.1.2.2 Ouverture complète du marché pharmaceutique grâce à l'adhésion à l'OMC

Adhésion à l'OMC sur l'industrie pharmaceutique nationale est une occasion rare pour le développement. En développant des nouveaux marchés pharmaceutiques domestiques pour le développement économique, cela va promouvoir les productions et les systèmes de circulation qui n'adaptent pas à l'économie de marché et accélérer le changement. Cela fait aussi abandonner les idées rigides, construire de nouvelles idées adaptant à l'économie de marché. Du niveau mondial et à long terme les intérêts, les opportunités sont rares.

"Mais il n'y a pas de repas gratuit" avec l'adhésion à l'OMC, les sociétés pharmaceutiques sont confrontés à «l'internationalisation» de la concurrence sur le marché. Dans la protection administrative à long terme, la concurrence intérieure reste basiquement sur le niveau bas. La technologie de production industrie pharmaceutique de la Chine, le niveau d'équipement, le niveau de la recherche et la gestion d'entreprise sont relativement arriérés par rapport aux pays développés en Europe et aux États-Unis. Il manque de connaissances de la réglementation pharmaceutique et des règles du marché dans les pays et régions différents.

1.1.2.3 Lois et les règles de plus en plus sophistiqués ont un impact significatif sur le marché pharmaceutique chinois.

Amélioration des lois et des règlements faits un impact significatif sur le marché pharmaceutique en Chine. Afin de promouvoir le développement du marché intérieur des produits pharmaceutiques et protéger la sécurité d'utilisation de médicaments, le gouvernement chinois met une place des lois et règlements ces années :

(1) Contrôle de qualité strict de la production pharmaceutique et les entreprises de circulation en utilisant des dispositions de la conformité comme le GMP (Good Manufacturing Practice) et le GSP (Good Supplying Practice), si l'entreprises de production et de la circulation ne peut pas conformer les normes dans le délai prescrit, il doit être arrêté immédiatement.

(2) La mise en œuvre officielle de la nouvelle "loi sur l'administration de médicaments" le 1 décembre 2002 conditionne que les entreprises ne peuvent pas faire la publicité pour leur médicaments d'ordonnance sur les médias de masse, et augmenter l'intensité de l'examen publicité sur les médicaments, un grand groupe de médicaments d'ordonnance se promotionnés par la publicité seront touchés.

(3) La mise en place du nouveau Code augmente l'impact sur les faits de suborner et de la corruption. La vente avec commission va être punie. Intensifier la répression sur les médicaments faux est favorable à l'amélioration de l'ordre de la distribution pharmaceutique.

(4) Après l'adhésion à l'OMC, la Chine renforce la protection pour la propriété intellectuelle baisser le taux d'importation pour les produits pharmaceutiques et ouvrir des services de distribution des médicaments apportent l'impact sur le marché chinois. La Chine a adhéré à l'OMC, entreprises pharmaceutiques chinoises font face à de sérieux défis en raison d'engagement remarqués par industrie pharmaceutique:

① Renforcer la protection des droits de propriété intellectuelle, y compris les cinq domaines: les secrets de brevets et techniques; marques et les secrets commerciaux; les logiciels concernant des sociétés pharmaceutiques;

② Médicaments tarifaire d'importation de 14% en 1999 encore réduit à environ 6 pour cent en 2003;

③ Le gouvernement a engagé d'ouvrir le service de distribution pharmaceutique le 1 Janvier 2003, les investisseurs étrangers en Chine peuvent s'engager dans l'acquisition, le stockage, le transport, vente en gros et au détail et service après-vente;

④ Ouverture les services médicaux, les investisseurs étrangers peuvent exploiter une joint-venture, les hôpitaux de coopération, et contrôler d'action.

1.1.2.4 Le déploiement de la politique du système d'assurance médicale principal pour les travailleurs urbains en Chine.

Sa mise en œuvre, d'une part, élargira la portée des groupes d'assurance médicale, cela veut dire augmenter de 160 millions personnes à 300 millions personnes; d'autre part, réajuster la consommation de médicaments irrationnelle, changer les situations que les médecins gagnent d'argents en vendant des médicaments et fait des ordonnances trop chères ou en grand quantité, a fin de restreindre le niveau élevé de l'utilisation des médicaments dans des hôpitaux. Et faire l'impact sur les produits importés qui sont trop chers, aussi promouvoir l'efficacité du traitement, et l'utilisation des médicaments pas chers, ce qui fait un effet positif sur les fabricants de médicaments dans un long terme.

1.1.2.5 Un marché pharmaceutique de plus en plus concurrentiel

Le développement économique de la Chine, l'augmentation des besoins de la santé font que la Chine est devenue l'un des pays ayant les plus rapides croissances de l'économie pharmaceutique dans le monde. Selon la croissance naturelle de la population, l'augmentation de la proportion de la population vieillissante, on prévoit que l'économie nationale pharmaceutique augmentera rapidement et durablement dans nombre d'années. L'industrie pharmaceutique est une industrie ayant besoin d'un investissement important et apportant une grande marge à haut risque, et sera toujours une industrie en expansion. Au cours de la dernière décennie, l'industrie pharmaceutique chinoise a fait l'objet de la faveur du capital. Avec l'intervention de divers types de capitaux, il y a plus de 6 100 entreprise fabriquant des médicaments, le nombre des entreprises commerciales pharmaceutiques a dépassé de 13 000 en 2012. Les nombreux problèmes comme la manque de capacité d'innovation, la limite de la dimension d'entreprises, la duplication de l'investissement, et troubles de la circulation sont devenus de plus en plus grave.

La mise en place de divers mesures politiques et loirs et le besoin de s'est présenter sur le marché, fait obligé que les entreprises baissent les marges, afin d'obtenir un avantage concurrentiel. Le réduit de profit cause la réduction de l'investissement pour leur propre développement, ce qui fait que la qualité globale des entreprises pharmaceutiques en Chine n'est pas optimiste. Le développement rapide des entreprises de l'industrie et la baisse de la qualité du marché est un paradoxe que l'industrie pharmaceutique de la Chine confronte.

1.2 L'analyse du microenvironnement

1.2.1 Analyse du microenvironnement de marketing sur le marché pharmaceutique chinois

1.2.1.1 Fusions et restructuration des entreprises pharmaceutiques accélérant la formation d'alliances stratégiques et intra-entreprises

La fusion du Groupe de Shanghai Huayuan et Shanghai Pharmaceutical Group Industrie d'investissement en 2007, marque la grande échelle et le regroupement de la restructuration et M & A de l'industrie pharmaceutique chinoise, Ce qui signifie la formation des alliances stratégiques entre les sociétés nationales de produits pharmaceutiques. L'Administration d'Etat des produits pharmaceutiques a introduit un certain nombre de politiques et de mesures visant à encourager les entreprises pharmaceutiques à fusionner transrégionale et trans-système de propriété, s'efforcer de développer les grands entreprises pharmaceutique disposant des technologies de pointe, de solides capacités de R & D et ayant les avantages d'échelle. Il y a déjà de nombreux projets de restructuration comme Sanjiu Groupe, Chine du Nord Pharmaceutical Factory fusionne Taiyuan Pharmaceutical Factory et Xinhua pharmaceutique fusionne le groupe Lukang etc. Après la réorganisation, ces grandes entreprises mettent en œuvre la concentration des ressources de recherche, l'amélioration de la technologie, l'intégration réseau de vente. Cette réorganisation stratégique sera le point culminant de l'industrie pharmaceutique dans les prochaines années.

Avec la polarisation des entreprises pharmaceutiques en Chine, la survie du plus apte processus sera accélérée, d'une part, grâce à la concurrence, la restructuration et la fusion, les entreprises peuvent avancer vers grande échelle, et devenir des grands groupes pharmaceutiques, et devenir l'oligopole des médicaments génériques. D'autre part, un certain nombre de PME survivant à la concurrence coexistent avec les grandes entreprises dans le même temps, ces PME gagner une part du marché pour survivre et se développer en utilisant leur propre avantage. Ce modèle complémentaire entre les grandes entreprises et les PME fournit une garantie pour les besoins de la diversification et du multi-niveau du marché chinois des produits pharmaceutiques.

1.2.1.2 Marketing dans le domaine de la distribution pharmaceutique, formation de la stratégie de grand commerce

A cause du travail de faire progresser le GSP standard dans la domaine de la circulation commerciale, il y a plus de 3 000 sociétés de distribution pharmaceutiques sont éliminés du marché, en même temps, on vois plus en plus de nouvelles groupes d'entreprises de grande taille qui sont en train de composer une structure de marketing et commercialisation à grande dans l'aspect de l'intégration des ressources d'entreprise, et celui de l'exploitation de produits.

Tels que le Pékin Double-Crane pharmaceutique élargit leur part de marché avec coût-efficacité en établissant un vaste réseau, intégrant de la production existante, marketing, ressources humaines, la formation de ces entreprises est une expérience importante et pratique pour résoudre le chaos du marché de circulation pharmaceutique en Chine.

1.2.1.3 La stratégie "combinaison de l'imitation et l'innovation" mise en œuvre effective dans les entreprises pharmaceutiques

Avec l'adhésion de la Chine à l'OMC, la propriété intellectuelle devient un sujet peut pas être évité par les sociétés pharmaceutique en Chine, la concurrence féroce du marché fait également les entreprises pharmaceutiques accroître les investissements dans l'innovation des produits, les produits ayant la propriété intellectuelle et la technologie de base est le but des entreprises pharmaceutiques poursuivent. En 2002, Jilin Yatai Pharmaceutical Factory a lancé un médicament – Shenyi capsule qui sont fabriqué d'un composant « Ginseng Savon II ». Cette capsule sont devenu le premier médicament chinois avec le droits indépendante de propriété intellectuelle de cancer, cela nous offert une idée pour chercher des médicaments innovants de la médecine traditionnelle chinoise.

Il faut rechercher sur les produits dont le brevet a expiré, mais avoir toujours la vitalité let saisir l'occasion pour la production. Bien sûr, la technique est la garantie pour la recherche et le développement sur les médicaments génériques. «Combinaison de l'imitation et de l'innovation» est actuellement une tendance dans l'industrie pharmaceutiques en Chine, en ligne avec la trajectoire de développement des conditions nationales de la Chine, pour protéger la consommation de drogues masses et la survie des entreprises qui correspond bien la situation de la Chine. C'est important pour protéger la consommation de médicaments et la survie des entreprises.

1.2.2 Analyse du marché de la consommation de médicaments

1.2.2.1 Croissance stable de la demande pour les médicaments

L'augmentation de revenu et les besoins accrus pour la santé de nos résidents est la raison fondamentale pour le développement du marché médical. A cause du macro-contrôle du gouvernement chinois et le ralentissement de la croissance des revenus ces dernières années, malgré le taux de croissance de l'économie pharmaceutique reste élevé, l'augmentation de la vitesse a déjà ralenti. Pour cette dizaine année, le taux moyen de croissance du marché pharmaceutique est de 22,6%, au cours des années récentes, bien que le marché pharmaceutique a augmenté de façon constante, en raison de changements dans l'environnement de marché, l'augmentation a été inférieure à la moyenne de 10 ans avant.

1.2.2.2 Structure d'emplois de médicaments plus rationnelle

La mise en œuvre du système de nouvelle assurance médicale et l'introduction de la nouvelle réforme médicale fera un effet important pour l'ajustement structurel des médicaments en Chine, la médecine biotechnologique moderne, la médecine naturelle, la médecine maritime, challengeront probablement le statut des médicaments chimiques classiques.

L'efficacité, le prix bas sont les 2 facteurs doivent être considérés chez les patients quand ils choisissent les médicaments, par conséquence la vente des médicaments efficaces à faible prix continuera à augmenter, et ils représenterent une plus grande part du marché. Le marché de détail est de plus en plus en expansion. Actuellement, la structure de vente au gros et au détail est peu à peu changé sur le marché pharmaceutique en Chine, la proportion des ventes au détail chez les pharmacies ont augmenté de plus de 15 pour cent contre 5 pour cent dans le passé, quelques domaines a augmenté à 20% - 30%. On estime cette tendance élargira grâce à la réforme du système de soins de santé et de la mise en œuvre de la prescription gestion de catégorie sur les médicaments d'ordonnance et non ordonnance.

1.2.2.3 Demande pour les médicaments montrant une tendance de la diversité

Grâce à l'amélioration de niveau de vie, la demande de médicaments chez les consommateurs chinois est de plus en plus grande. Les acheteurs s'appuyant sur les capitaux importants préfèrent particulièrement les médicaments nouveaux et de haute qualité, tandis que les consommateurs avec le niveau de ressource moyen et bas occupent toujours la plupart des parts de marché des médicaments.

Il a des changements au niveau de la vente de médicaments de principales catégories les deux dernières années montrent : la demande de médicament chez les personnes âgées, les femmes, les enfants a augmenté, tandis que celui chez les adultes ont baissé; la demande des nouvelles médicaments ont augmentée, tandis que celui des anciennes déclin; La demande des médicaments de soins de santé élève, tandis que celui des médecine générale, à base de plantes a diminué; La demande des joint-venture médicament accroît, celui des médicaments importés a baissé, etc.

Selon l'analyse ci-dessus, nous pouvons voir qu'après des années de la concurrence sur le marché, la puissance des entreprises pharmaceutiques chinoises a augmenté progressivement, et cela a fait une base solide pour la poursuite du développement de l'industrie pharmaceutique. La mise en place d'un certain nombre de lois et règlements nationaux, introduit adhésion de la Chine à l'OMC, des fusions et des reconstitutions à grande échelle entre les entreprises pharmaceutiques sont devenue la tendance, les consommateurs sont devenus de plus en plus mature, les entreprises chinoises pharmaceutiques sont confrontés à un environnement de marché entièrement nouveau.

PARTIE II

L'influence du nouvel environnement de marché pharmaceutique sur les entreprises

Les entreprises pharmaceutiques devraient avoir une connaissance claire et prospective en élaborant une stratégie raisonnable et pratique, et comprendre où sont-ils nos opportunités? Et quels challenges qu'on ferra face?

2.1 Les opportunités offertes par le nouvel environnement aux entreprises pharmaceutiques

2.1.1 Les entreprises pharmaceutiques font face à un marché étendu

L'économie pharmaceutique est un élément important de l'économie nationale, après des années de développement, un grand nombre d'entreprises compétitives sont émergé, dont les plus représentatif sont les entreprises de matériaux bruts de produits pharmaceutiques. Parmi les 2 000 sortes de produits API, il y a 1 500 sortes qu'on peut produire en Chine, le totale de la production annuelle est de 450 000 tonnes, juste en arrière des États-Unis, se classant le deuxième dans le monde.

Apres l'adhésion de la Chine à l'OMC, avec l'abaissement des tarifs du marché international, les entreprises de matériaux bruts de produits pharmaceutiques sont face aux challenges dérivés du marché international, d'une part leurs avantages au niveau de la main-d'œuvre et des coûts de production deviendront plus apparents. Les matières premières chimiques aura un fort avantage concurrentiel sur le marché international ; une autre d'une part, les entreprises de matériaux bruts de produits pharmaceutiques vont résoudre les problèmes de frottement commercial et d'anti-dumping en s'appuyant le principe d'égalité d'OMC, afin d'offrir une protection juridique pour leur entrée du marché international.

Adhésion à l'OMC a fourni une occasion pour l'entrée d'un grand nombre de la médecine traditionnelle chinoise dans le marché européen. Etant un patrimoine culturel unique avec 5000 ans d'histoire en Chine, la médecine traditionnelle chinoise est riche en ressources avec un coût d'exploité bas. Grâce à son efficacité unique et les effets secondaires très peu, elle est reconnue et valorisée par le marché international. Actuellement, les entreprises de la médecine chinoise se développent rapidement, ont formé une structure industrielle unique, les entreprises chinoises devraient saisir cette occasion et accélérer de transférer les avantages du produit à l'avantage technique et à l'avantages de la marque. Les ministères devraient renforcer le rôle dans l'orientation, et établir un système standardisé de la production la médecine traditionnelle chinoise et de la recherche et le développement. Les entreprises et les gouvernements devraient Intensifier les efforts de publicité afin de faire avancer notre médecine traditionnelle chinoise et l'industrie médecine chinoise sur le marché international.

2.1.2 Ajustement favorable de la structure du produit et l'amélioration de l'ordre du marché

Ces dernières années, la Chine a pris des mesures réglementaires pour manager le marché de produit pharmaceutique comme la GMP, GSP certification, le système de classification des médicaments, la gestion des prix des médicaments et appel d'offres d'achat de médicaments. Ce qui a amélioré considérablement la restructuration des produits pharmaceutiques et l'ordre de la distribution pharmaceutique.

Un grand nombre de petits PME dont les techniques de production sont arriérés et ayant pas d'avantages compétitifs sont dans une situation difficile et font face de risques de fermeture ou de fusion. Par contre, les grandes entreprises avec un fort avantage concurrentiel grandissent dans ce processus. Ces dernières années, en Chine, il y a en total plus de 700 de producteurs pharmaceutique dont la qualification de la production ont été annulé, 30% de sociétés pharmaceutiques de vente en gros ont été éliminés, 70% des produits de santé ont quitté le marche, tandis qu'il ya plus de 1200 entreprises ayant obtenu la norme GMP.

2.1. 3 Un marché plus vaste pour les OTC

La croissance démographique, le vieillissement de la population, la qualité de la vie de peuple urbaine élève de la vie sociale et le changement rapide dans la vie sociale fait que la conscience d'auto-soins du peuple est plus en plus forte. Cela offert l'occasion pour la formation et l'expansion du marché des médicaments sans ordonnance. La politique du gouvernement encourage également le développement du marché des médicaments sans ordonnance. Le nouvel environnement permet, sans aucun doute, une bonne occasion pour le développement des producteurs d'OTC. D'une part, les entreprises domestiques devraient mettre en place une prise de conscience prospective du marché, élargir les idées pour les recherches et le développement de produits, développer les produits convenant le marché d'OTC, faire bien la planification des stratégies marketing pour participer à la concurrence du marché. D'autre part, les entreprises publiques pharmaceutiques devraient donner leur attention sur le marché rural en concentrant sur le développement du marché urbain.

2.2 Les défis apportés par le nouvel environnement aux entreprises pharmaceutiques

Nouvel environnement apporte les possibilités aux entreprises pharmaceutiques, en même temps propose un austère défi aux entreprises nationales pharmaceutiques. Les contradictions profondes dans le système économique de la Chine et la potentielle peine intime sont reflétées dans l'industrie pharmaceutique.

Les entreprises pharmaceutiques sont généralement à petite échelle, la faible rentabilité, le protectionnisme endémique au sein de l'industrie. Par conséquent, l'ajustement des entreprises pour répondre aux défis de nouvel environnement seront énormes.

2.2.1 La taille trop petite est le principal problème rencontré par les entreprises pharmaceutiques

Si On voit l'histoire de l'étranger dans les dernières décennies, on peut découvrir que les concurrences des sociétés pharmaceutiques sur le marché, revient finalement à les concurrences de force et d'ampleur des sociétés. Merck, GSK, Pfizer et d'autres sociétés sont, sans exception, les géants pharmaceutiques formés par la fusion et la réorganisation des entreprises, avec un actif de plusieurs milliards de dollars, des centaines milliards de dollars. L'industrie pharmaceutique transfert de monopole de gammes au paysage concurrentiel entre les entreprises monopoles.

Actuellement, il y a plus de 5 000 entreprises domestiques pharmaceutiques dont le total de ventes annuelles est moins que celui de Glaxo Royaume-Uni. L'écart est effectivement énorme.

2.2.2 Ouverture du marché de distribution fait l'impact du domaine de la circulation pharmaceutique

Depuis le premier Janvier, 2003, la Chine ouvert le marché de distribution des médicaments, les investisseurs étrangers peuvent s'engager dans le commerce de vente en gros et en détail de produits pharmaceutiques, et ils peuvent même contrôler d'action, cela intensifie la concurrence dans le domaine de la distribution pharmaceutique.

Pour le moment, il y a plus de 16 000 d'entreprises de vente en gros en Chine, 160 000 pharmacies, la concentration du secteur est très faible, la rentabilité d'entreprises est faible, et l'ordre est trouble. La chaîne de pharmacies, comme une partie importante du système de borne ventes de produits pharmaceutiques, est encore dans les premiers stades de développement, n'a pas encore formé ses propres caractéristiques au niveau de la gestion, de la taille, et du système de service. Suivant l'entrée des investissements étrangers dans le marché domestique de la distribution pharmaceutique, la concurrence dans le domaine de la circulation va s'intensifier, les profits moyens du marché vont réduire davantage, le flux de compagnies pharmaceutiques chinoise affrontons une pression plus grande qu'avant.

2.2.3 Droits de propriété intellectuelle: la faiblesse des entreprises pharmaceutiques

Les nouveaux médicaments sont l'âme de l'industrie pharmaceutique, et également une source importante de profits pour les sociétés pharmaceutiques. Apres l'adhésion de la Chine à l'OMC, le gouvernement chinois a mis en œuvre la protection administrative des médicaments brevetés des pays membres qui sont plus d'une centaine. Les entreprises chinoises doivent créer leurs propres system d'innovation technologique, intensifier la recherche et le développement de nouveaux médicaments.

PARTIE III

L’analyse de marketing du marché chinois pharmaceutique

3.1 Le processus de développement du marketing pharmaceutique chinois

Le marketing est le travail fondamental pour la survie d’une entreprise. Dans le système actuel de la Chine, la commercialisation de produits pharmaceutiques a sa particularité. Le marché pharmaceutique est composé par la production pharmaceutique (laboratoire pharmaceutique), les sociétés de distribution (entreprises pharmaceutiques) et les terminaux de vente (les hôpitaux et les pharmacies). Le canal de distribution pharmaceutique traditionnelle chinoise est :

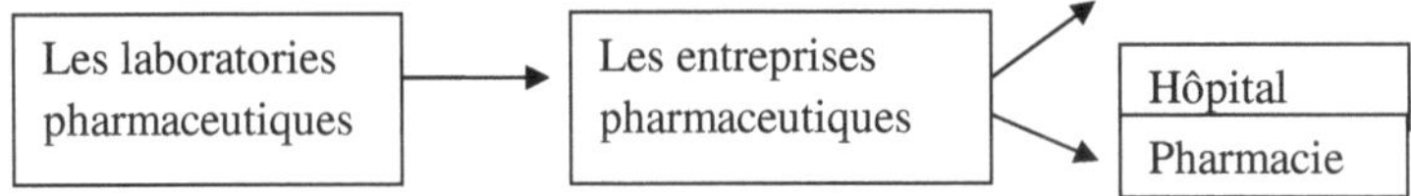

Rappelant l'histoire du marketing médecine chinoise, elle peut être divisée par 3 périodes: le marketing des produits, le marketing de la qualité et la relations publiques.

3.1.1 Stade de marketing du produit

Pendant cette période, le principal objectif des fabricants pharmaceutiques est amélioration de la capacité de production, ceci est la poursuite de l'objectif des entreprises pharmaceutiques. Tandis que les sociétés de distribution pharmaceutiques s'efforcent de faire plus de commissions afin de former la force monopoliste avec ses propres caractéristiques des constructions de produits et les droits de distribution des produits. Cela veut dire fabriquer les produits que les autres ne peuvent pas produire, avoir les marchandises que les autres distributeurs ne peuvent pas fournir, et en plus avoir l’avantage de produit, s’appuyant ces avantages, il y a du profit. Cette période a continué de la fin des années 80 jusqu’au début des années 90, il a commencé à améliorer grâce a l'augmentation des sociétés de production et de distribution.

3.1.2 Stade de marketing de la qualité

Au début des années 90s, les entreprises locales pharmaceutiques a augmenté progressivement, le mécanisme de concurrence sur le marché a établir graduellement. Quand la vente d’un produit était stable, les entreprises ont commencé à importer des lignes de production de pointe afin de produir en grande quandité, le rendement du produit a eu une amélioration qualitative. Pendant cette période, des compagnies pharmaceutiques ont mis en œuvre le GMF et le GSP certification d'acceptation. Ils ont également utilisé IS09000 le système de qualité, pour obtenir un avantage concurrentiel en augmentant des avantages de qualité des produits.

3.1.3 Stade de marketing des relations républiques

Lorsque la qualité de produits similaires, les formes posologiques est presque le même, les bons produits sont partout à telle point que les consommateurs peuvent les acheter partout, les sociétés pharmaceutiques commencent à exposer et vendre leurs produits de diverses manières, le marché pharmaceutique entre dans la période de marketing des relations républiques. Les guerres de prix, campagnes publicitaires et des ventes avec commission sont les outils de marketing principaux en cette période.

La guerre des prix, d'une part reflète la concurrence intensifie à telle point que les laboratoires et les entreprises de distribution ont dû baisser le prix pour gagner plus de part du marché, ces entreprises doivent réduire le coût de production des produits pharmaceutiques et le coût des circulation divers en utilisant raisonnablement la chaîne d'approvisionnement.

Les campagnes perpétuelles de publicité fait les entreprises de la production de médicaments et les entreprises de circulation promouvoir leur produit par divers moyens et médias, ils ne hésitent souvent pas de dépenser des milliards de dollars. La plus part de publicités sont pour promouvoir la efficacité du produit, et les avantages par rapport à d'autres produits similaires, et rarement sur les aspects de le bien-être publique comme la prévention de la santé et de la propagande pathologique.

3.2 L'analyse de l'état actuel du marketing sur le marché pharmaceutique chinois

3.2.1 L'analyse des canaux de distribution du marché pharmaceutique chinois

3.2.1.1 Diversité des canaux de distribution

(1) Les fabricants de médicaments offrent directement aux hôpitaux, aux pharmacies et fournisseur grossiste de produits pharmaceutiques. Par conséquent, les hôpitaux et les magasins de détail peuvent faire des achats sans via les stations médicale, cela réduit les segments intermédiaires de gros.

(2) Certaines sociétés import-export ont également rejoint les rangs de vente de produits pharmaceutique en gros dont le mode de fonctionnement est souple, ils apportent un grand challenge aux entreprises publiques pharmaceutiques.

(3) L'achat des hôpitaux et les pharmacies ne sont plus limites aux sociétés pharmaceutiques. Ils peuvent également acheter des produits aux filiales locales ou de proximité, de sorte que la concurrence entre les sociétés pharmaceutiques est très intense.

(4) Le développement du marché de distribution pharmaceutique est très rapide. Comme dans Puning Guangdong, Zhanjiang, Jiu tong Hubei etc. où conflué des commerçants pharmaceutique autour de la Chine. Ils font des commerces de façons variés, et le chiffre d'affaires est toujours énorme.

3.2.1.2 Grand désordre des canaux de distribution

Pendant les années 90s, une partie des entreprises de circulation manque de stratégie de développement à long terme, voient seulement le profit à court terme, tandis que le système de gestion de l'industrie pharmaceutique n'est pas parfaite, un grand nombre de sociétés pharmaceutiques sous-traitent leur permis d'affaire ou établissent branches subalterne. Actuellement, il y a un total de 16 000 entreprises de distribution pharmaceutiques dans l'industrie pharmaceutique qui sont en petite taille, dont les commerces sont dispersé, ils sont nombreux ayant un faible coût-efficacité. Ce phénomène est devenu un problème commun dans le secteur de la distribution pharmaceutique.

À l'heure actuelle, il y a plus en plus des hôpitaux domestiques arrérage les prêts d'achat de médicament, cela est un problème sensible dans l'industrie. Les sociétés pharmaceutiques sont forcées d'accepter cet arrérage afin de conserver les relations clients et survivre dans la concurrence. Par conséquent, cela fait ces sociétés arrièrent le paiement pour les gros fabricants. Dettes triangulaires se produisissent dans ces processus.

3.2.1.3 Phénomène « attendre sans rien faire » existant depuis long temps

Pendant longtemps, la domaine de la distribution pharmaceutique a suivi le système de quatre échelles pour vente en gros, l'Etat accentue trop sur la particularité des médicaments, la franchise et la fonction du canal principal des entreprises d'Etat. Ceux-ci s'appuient la particularité industrielle monopolisent le marché, manquent le sens du service et deviennent "assis d'affaires ". Pourtant, il y a une grande partie des entreprises publiques pharmaceutiques suivent cette habitude de la période d'économie planifiée, attendent les fabricants viennent frapper la porte. Il manque l'initiative pour développer de nouveaux marchés et trouver des produits convenant la demande du marché chinois.

3.2.1.4 La guerre des prix et le marketing relationnel sont les moyens principaux dans la concurrence entre les entreprises pharmaceutique

Il y a nombreux d'entreprises de vente produits pharmaceutiques en gros, la concurrence est bien chaude, le prix est devenu une arme puissante des sociétés de distribution pharmaceutiques pour attirer les clients. Les sociétés de distribution pharmaceutiques font leur business en utilisant principalement des relations publiques et des relations sociales. Ils cherchent à nouer des relations avec des pharmacies et des hôpitaux. Quand il y a des relations, il y aura des ordres, et puis des profits. Cependant le maintien de relation compte sur les parrainages comme parrainage de conférences des hôpitaux et les rabais sur les médicaments. Ce marketing relationnel est différent avec la définition traditionnelle, celui-ci n'est pas construit sur une coopération stratégique en le long terme, mais un comportement à court terme, basée sur la tentation par les intérêts.

3.2.1.5 La concurrence plus forte dans la future

(1) En 1999, l'appel d'offres national pour l'achat de médicaments a mis en place la première fois en Chine, les institutions médicales étant le plus gros client des entreprises pharmaceutiques, lancent des ordres sur le marché chinois, cela attire de nombre d'entreprises pharmaceutique viennent soumissionner, la concurrence des prix a atteint le niveau chauffé.

(2) La norme GSP dans le domaine de distribution de produits pharmaceutiques élimine plus de 22,5 pour cent d'entreprises pharmaceutiques.

(3) Les entreprises pharmaceutiques étrangères regard farouche sur le marché chinois. Dans l'ère d'information, les bénéfices du chaînon intermédiaires est plus en plus bas est une tendance inévitable. Les commerçants pharmaceutiques domestiques qui sont déjà fragiles ne peuvent plus rivaliser avec les entreprises pharmaceutiques commerciales des pays étrangers qui suivent la stratégie marketing mondiale et ont la chaîne globale de distribution aux niveaux du mode de fonctionnement, de la qualité du capital et la taille.

3.2.2 L'analyse des terminaux points de vente du marché pharmaceutique de la Chine

L'utilisation clinique de médicament et la vente de médicaments chez pharmacie composent les points terminaux de vente. Les produits finals parviennent finalement les consommateurs via ces deux points. Actuellement sur le marché pharmaceutique, l'utilisation de médicaments chez hôpitaux représentaient 85% de la part de marché. La vente en détail représente 15% de la part du marché. Il y a des différences entre les deux : l'hôpital ne peut que vendre des médicaments aux leurs patients, tous les médicaments doivent être vendu conformité avec l'ordonnance de médecins, tandis que les pharmacies peuvent vendre des médicaments au publique. La pharmacie existant comme une intermédiaire entre l'hôpital et les consommateurs est un choix qui permet les consommateurs achètent directement les médicaments.

3.2.2.1 L'analyse des ventes de médicaments des hôpitaux

(1) Vente avec le prix élevés et la commission élevée 80% de la consommation totale de la Chine des médicaments vendus via les hôpitaux. Afin de promotionner leurs produits, un certain nombre de sociétés de distribution de productions pharmaceutiques ne peuvent que faire la stratégie en regardant au prix et à la réduction des hôpitaux. Donc, la concurrence du marché n'est pas une compétition de qualité des médicaments, mais plutôt la guerre de prix.

(2) Vente avec un pot-de-vin

Afin d'occuper la plus grande part du marché, les entreprises vente les produits en offrant les médecins un pot-de-vin. En stimulant par le profit personnel, certains médecins ne sélectionnent plus les médicaments selon leur efficacité, ils font des ordonnances dont les médicaments offrent par les entreprises qui leur donnent un pot-de-vin plus élevé

3.2.2.2 L'analyse des magasins de détail

La vente des médicaments chez pharmacie font directement face aux consommateurs. Stimuler les ventes en lançant des publicités est le principal moyen de marketing pour promotionner les médicaments vendu en détaille. En plus, la publicité est aussi importante pour la présente de la marque. Donc les dépenses publicitaires sur le marché pharmaceutique est nécessaire. Cependant, l'utilisation de la publicité d'entreprise doit avoir sa limite, les frais de publicité transmettent finalement au prix de produits.

3.3 Le changement de marketing du marché pharmaceutique chinois

Suivi le développement de l'économie de marché et les sorties d'une série de mesures de réforme dans les domaines de l'administration des médicaments de la Chine, les soins de santé, système d'assurance médicale, le marché pharmaceutique entre une période historique de changement et de transformation.

Après l'adhésion à l'OMC, le marché pharmaceutique chinois fait face à une forte pression de la concurrence internationale, les sociétés pharmaceutiques sont en train d'affronter la nouvelle conjoncture du marché. Le marketing est le travail fondamental pour la survie d'une société pharmaceutique, cependant le mode de commercialisation de ce secteur est menacé par nouvel environnement. Les moyens traditionnels comme "rabais+ dépenses publicitaires énormes + pot-de-vin", le marché a été incapable de s'adapter la concurrence dans une nouvelle condition, le marketing pharmaceutique est face au changement dans le nouvel environnement.

3.3.1 La nécessité de la normalisation de la commercialisation

(1) Protéger la santé du peuple

(2) Développement et la croissance de l'industrie
Il y a nombreux d'entreprises qui produisissent des médicaments. De nombreuses entreprises sont petites et n'ont pas de capacité pour rechercher et développer des médicaments. Ils utilisent souvent des moyens déloyaux pour promouvoir leurs produits. Ces PME, d'une part, perturbent l'environnement du marché pharmaceutique, d'autre part, écartent de nombreux fabricants de haute qualité et des médicaments efficaces du marché.

(3) Le besoin de développement des entreprises.
La commercialisation inappropriée a un grand impact sur les bénéfices des sociétés,à cause de quelle, les entreprises n'ont pas assez d'investissement de capital pour le développement de produits et l'amélioration de la technologie de production. C'est tout à fait préjudiciable au développement de l'entreprise à long terme.

(4) Faire face à la concurrence de l'OMC
Depuis le 1 janvier 2003, la Chine a ouvrit à l'investissement étranger des zones de distribution des médicaments. Avec l'accomplissement de la localisation de investissement étranger, ses avantages aux niveaux de la taille, de la technologie, de

la gestion ont progressivement reflété les entreprises nationales pharmaceutiques doivent faire face à un impact des groupes multinationaux.

3.3.2 Le noyau du marketing pharmaceutique dans le nouvel environnement

3.3.2.1 Basé sur la satisfaction du client "doit être l'âme du marketing pharmaceutique

Pharmacie des entreprises de production et la circulation en fonction des changements dans la demande des consommateurs, la satisfaction des consommateurs avec des produits et services, les entreprises devront un des groupes de consommateurs fidèles, afin d'assurer la survie et le développement.

3.3.2.2 Système de commercialisation pharmaceutique «client-centrique » devraient mettre en place

Dans l'environnement de marché concurrentiel, avoir un groupe de consommateurs fidèles est l'objet d'une entreprise. Etablir un system de commercialisation centrée sur les clients est une bonne façon de cultiver des clients fidèles .Le marketing d'entreprise n'offert pas seulement des produits aux consommateurs, mais aussi leur offert des services avant-vente et après-vente, afin de former une bonne relation entre les entreprises et les clients a, ainsi accroître la confiance des consommateurs sur les produits d'entreprise, de sorte que les ventes du produit forme un cercle vertueux.

PARTIE IV

Une recherche sur la psychologie de consommation et le comportement sur le marché pharmaceutique de la Chine

La recherche en psychologie des consommateurs montre que: les différents groupes de consommateurs dans les différentes situations des différents produits va produire les différentes stimulations mentales, ce qui conduit à des comportements de consommation différents. Les nombreuses différences des autres aspects, ex : âge, sexe, profession, ethnie, étendue de culture, l'environnement social etc., divisé en différents groupes de consommateurs et les différentes caractéristiques de consommation, ce qui conduit à des différents comportements de consommation.

4.1 La constitution des consommateurs et la structure de la consommation

4.1.1 Les consommateurs et la constitution des marchés de consommation

(1) Personnes âgées : le principal consommateur du marché pharmaceutique
En 2010, la population des personnes plus de 60 ans est près de 200 millions, qui représente 13% de la population totale. La Chine est entrée dans les rangs des pays vieillissants.

(2) La croissance stable du marché pharmaceutique, l'espace grande de développement rural.
a. Actuellement, parmi la consommation de résidents, soins de santé représente la grande majorité, l'augmentation dans d'autres services médicaux est plus lente.
b. La proportion de dépenses de soins de santé a augmenté d'année en année dans la dépense totale d'habitants. Comme l'économie se développe plus en plus vite en Chine, le besoins de santé a considérablement augmenté. En 2010 la consommation pharmaceutique représente 7% de la consommation totale de la population urbaine, et 5% de frais de subsistance de la population rurale. La demande des consommateurs pour les produits pharmaceutiques a une croissance vers de 15%.

4.1.2 Les tendances de la structure de consommation de produit pharmaceutiques

(1) la consommation de médicaments est de plus en plus rationnelle
Un médicament efficace avec le prix bas sera le premier choix pour les patients, sa part de marché pourra également augmenter.

(2) OTC (médicaments sans ordonnance) dans une phase de croissance rapide
La consommation d'OTC par habitant en Chine est inférieure à la consommation d'OTC par habitant du monde, mais le taux de croissance du marché chinois est assez rapide. En 2011, la vente totale d'OTC du marché chinois a atteint 13 milliards de dollars, avec un taux de croissance annuel vers 15%.

(3) Besoins des personnes âgées pour les médicaments augmentera considérablement
Avec l'augmentation de la population âgée, les médicaments pour le traitement des maladies cardio-vasculaires vont entrer dans une période de croissance stable, et le besoin pour les médicaments visés la maladie gériatrique sera plus en plus grande.

(4) La consommation des spécialités pharmaceutiques chinoises sera augmenter.
S'appuyant sur ses avantages uniques: moins d'effets secondaires et guérir directement la cause de mal, les spécialités pharmaceutiques chinoises occupent toujours une place spéciale dans l'esprit des consommateurs.

4.2 La psychologie du consommateur et son développement

4.2.1 Classification de psychologie de consommation

L'analyse psychologique des consommateurs pharmaceutique peut être divisée en quatre types suivants:

(1) Type habituel
Ce type de consommateurs se familiarise avec confiance à une seul ou quelques marques. Ils ne font pas attention des autres marques. Ils ont déjà formé l'habitude d'acheter toujours les mêmes marques. Ce type de consommateurs représente 20% du total des consommateurs en Chine. La quantité de leur consommation est relativement importante.

(2) Type logique
Ces consommateurs mesurent des produits en utilisant leurs logiques d'indicateurs de valeur. Ils savent bien contrôler leurs émotions, et moins sensibles à la publicité

dans les médias et l'emballage du produit. Ils lisent attentivement le manuel du produit, et comparent des produits similaires avant de décider à acheter le produit. Ces consommateurs représentent 25% des consommateurs total en Chine.

(3) Type économique

Pour ce groupe de consommateurs, le prix est toujours en premier lieu, ils sont particulièrement sensible au prix, ils croient "les médicaments similaires ont le même effet thérapeutique, donc on peut choisir le plus bon marché. Ces consommateurs représentent 15% du total, mais le montant de la consommation n'est pas élevé.

(4) Type instable

Ils sont les consommateurs qui font la première tentative et les consommateurs potentiels. Ils n'ont pas encore de préférences fixes et font l'achat de médicaments au hasard. Ces consommateurs représentent environ 40% du totale de consommateur pharmaceutique en Chine.

4.2.2 L'analyse de psychologie de consommation

En analysant la psychologie de consommateurs de ces 4 types, on peut trouver que: La capacité du marché du type habituel est le plus grande, le coût de commercialisation pour changer leurs habitudes de consommation sont également plus élevés, plus longue période, mais la stabilité est mieux que les 3 autres;

Tandis que la psychologie des consommateurs de type logique est facile de changer, et si les fabricants adaptent les stratégies de marketing adapté, ils peuvent facilement changer leurs habitudes en dépensant moins. Cependant la fidélité de ce groupe de consommateurs est plus faible, donc il faut accentuer la fonctionnalité et l'efficacité de produits dans les publicités ;

En ce qui concerne le type économique, leur élasticité du prix est très peu, sauf si les entreprises utilisent des outils de marketing spécifiques (par exemple : le rabais), la fonction des autres outils de marketing sera beaucoup moins efficace.

Finalement, pour le type instable, les entreprises peuvent tracer l'image de marque dans l'esprit des consommateurs en utilisant une stratégie de communication à long terme.

Dans les groupes de consommateurs de médicaments, la recommandation des professionnels (comme médecin et pharmaciens) est décisive pour la psychologie des consommateurs. Dans le marché d'OTC, les connaissances de médecins et des professionnels sur les produits pharmaceutiques peuvent également affecter le futur achat des consommateurs de médicaments.

4.3 Le comportement des consommateurs et les facteurs influents

4.3.1 L'analyse du comportement des consommateurs

Selon le sondage visé les consommateurs de Beijing, Shanghai, Guangzhou et Wuhan, on peut observer les caractéristiques importantes suivantes au niveau de la consommation de médicaments chez hôpital ou chez pharmacie:

(1) 80% de consommateur aune préférence de marque avant leurs achats.

(2) Indépendance et auto-sélection quand à l'achat de médicaments sont évident

(3) Prendre en considération sur la sécurité et l'efficacité des médicaments

4.3.2 L'analyse des facteurs de l'impact du comportement des consommateurs

Selon cette enquête, le processus d'achat des consommateurs de médicaments a été divisé en quatre étapes:

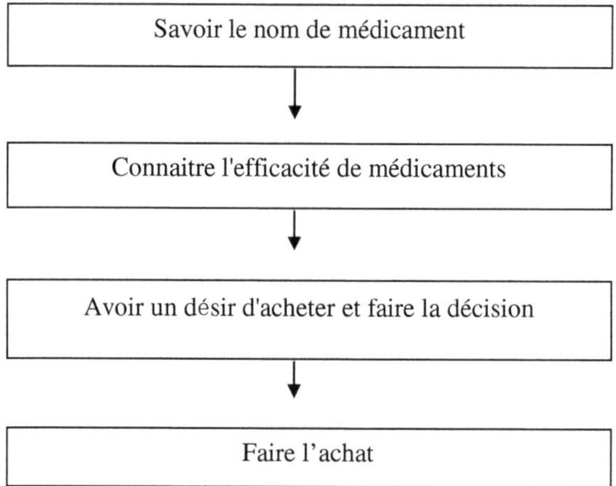

En quatre étapes, les facteurs qui influencent le comportement des consommateurs d'acheter des médicaments comprennent les aspects suivants:

(1) Supports publicitaires

Publicité à la télévision est un média ayant le plus grand influence sur les consommateurs. La publicité télévisée fait un rôle très un important sur l'étape de savoir le nom de médicament.

(2) Médecins d'hôpitaux

Les médecins hospitaliers jouent un rôle important dans l'ensemble du processus de l'achat de médicaments. Notamment quand il s'agit les médicaments avec ordonnance, dans la phase de connaitre un médicament.

(3) Le pharmacien

Lorsque un pharmacien recommande aux consommateurs des médicaments, 74 pour cent des consommateurs accepteront leur recommandé. Cette enquête montre que le pharmacien peut jouer aussi un rôle important dans les ventes de médicaments.

Si un consommateur n'a pas accepté les médicaments recommandés par le pharmacien, les raisons principales seraient le suivant: il a déjà décidé d'acheter un autre médicament; le prix

est trop élevé à telle point qu'il ne peut pas accepter; il ne fait pas confiance sur le pharmacien.

(4) les activités de promotion

Bien que la majorité des consommateurs ont déclaré que les activités promotionnelles n'infecte pas leur comportement d'achat, mais la grande majorité des consommateurs s'intéressent aux activités promotionnelles comme des essais gratuits ou des échantillons donnés.

(5) le prix

Le prix ne joue pas un rôle entièrement décisif pour les consommateurs de médicaments. Pour un demandeur qui cherche sérieusement un médicament, le prix est un facteur de référence.

L'échantillon du sondage de 105 cas à Pékin et dans d'autres villes en Chine. Les différents facteurs sur l'achat de médicaments comportement sont mis en ordre selon la méthode de la moyenne pondérée (tableau 4-3):

Tableau 4-3 L'effet des facteurs sur le comportement de consommateurs

	le nombre d'échantillons	norme moyenne	valeur de déviation	variable
médecin	105	1,78	1,19	1,420
publicité	105	2,63	1,33	1,621
pharmacien	105	3,00	1,28	1,611
prix	105	3,19	1,21	1,400
promotion	105	4,92	0,82	0,598
remboursement	105	5,91	0,98	0,992

Cliniciens hospitaliers: 1,78 montre que la recommandation des médecins est le plus importante pour les consommateurs de médicaments.

Publicité: 2.63 montre que l'effet de la publicité est plus en plus important sur l'achat de médicaments.

Pharmaciens: 3,00 montrent que la recommandation, l'explication et la crédibilité des pharmaciens jouent un rôle important dans le comportement de l'achat des médicaments Prix: 3.19 cela veut dire que le prix a une certaine influence sur le comportement de consommateurs de médicaments

Promotion: 4.92 indiquent que les activités promotionnelles affecte pas beaucoup sur le comportement de consommateurs de médicaments.

4.4 L'influence des changements dans la demande de la consommation sur le marché pharmaceutique

Avec l'approfondissement de la réforme des soins de santé national, les connaissances médicales des consommateurs pharmaceutiques est également en hausse, leur vue de la consommation est devenue plus rationnelle.

Ils préfèrent s'adresser à la pharmacie au lieu d'aller a l'hôpital. "Pratique, sécurité, rapide et efficace" est actuellement la mentalité des consommateurs des médicaments, celui qui guident le comportement des consommateurs et ayant une influence profonde sur le marché pharmaceutique.

La situation présente - Hôpital est le marché principal de la consommation des médicaments, sera affaiblie, le marché de OTC, des plantes médicinale chinoise et le marché rural vont devenir le marché et la mode de consommation le plus important. Les entreprises domestique pharmaceutiques devraient saisir cette opportunité, étudier les produits et la modèle de commercialisation, pour répondre aux besoins des marchés de consommation des médicaments.

4.4. 1 L'analyse du marché OTC

La consommation d'OTC brise la structure de la consommation des médicaments dans laquelle le vente des institutions médicales représente la totale de la consommation domestique sous l'ambiance de l'économie planifiée. Ce qui faite que les pharmacies et d'autres non-médicaux unités devenir une partie importante des ventes de médicaments. Cette tendance apporte des nouvelles opportunités commerciales pour la demande du marché pharmaceutique.

4.4. 1. 1 Les caractéristiques de la consommation sur le marché d'OTC

(1) Le marché d'OTC face directement aux consommateurs et centrée sur les consommateurs

Médicaments d'OTC a les caractéristiques générales consommatrices par apport aux médicaments d'ordonnance. OTC est une classe de médicaments ayant besoin d'être promotionné par le biais du marketing, de sorte que la volonté des consommateurs est essentielle. Une étude montre que les patients sont plus préoccupés par l'efficacité thérapeutique de produits et leurs indications.

(2) Les plus de nombreux des médicaments OTC sont les médicaments couramment utilisés et de les marques sont diverses.

Médicaments d'OTC sont généralement mature au niveau de technologies de production, par contre, ils n'ont pas d'avantage concurrentiel en technologie brevetée. Dû à la simplicité du processus technique, et au grand nombre des fabricants de médicaments, la concurrence est bien féroce.

(3) Les professionnels ont une influence importante sur l'industrie pharmaceutique d'OTC

Malgré que les OTC en vente libre et les consommateurs peuvent les acheter sans ordonnance, les médicaments sont utilisés pour soigner les maladies, donc choisir un OTC est un travail professionnel, de sorte que les consommateurs sont préoccupés par les points de vue des professionnels (médecins, pharmaciens) quand ils achètent et utilisent un médicament d'OTC.

4.4.1.2 Élaboration de stratégie de promotion des produits d'OTC

Les médicaments OTC sont des médicaments couramment utilisé par le public, leur développement et promotion n'ont presque même pas la différence par apport aux articles traditionnels de consommation, les producteurs des OTC devraient promouvoir les ventes en appliquant des outils variés de marketing. Les sociétés pharmaceutiques devraient noter les points suivants en visant les caractéristiques du marché:

(1) Sélectionner efficacement les medias, transmettre rapidement et expressivement les informations des produits

① La publicité est un outil promotionnel important pour le marketing de produits d'OTC. OTC sont couramment utilisé pour le traitement des maladies courantes, face à des consommateurs. La publicité couvert un grand public, elle correspond les stratégies promotionnelle des médicaments d'OTC.

② OTC ont certains points de vente - pharmacies. Renforcement de la mise en œuvre de POP dans les pharmacies peut stimuler le désire d'acheter de consommateurs, ou générer une forte induction.

(2) Le positionnement publicitaire raisonnable, établissement du caractère unique du produit.

On doit trouver une certaine caractéristique pour mettre en évidence d'un produit sur le marché à la recherche en utilisant le principe écart de positionnement, et façonner une image distinctive, à fin de faire les consommateurs concernés sur le produit.

(3) Se concentrer sur l'image de l'entreprise et l'image de la marque.

Sur le marché de ventes de médicaments, la réputation et l'image est nécessaire pour le développement des entreprises, est aussi une garantie pour les consommateurs. Établissement d'une bonne image de l'industrie pharmaceutique peut attirer un grand nombre de consommateurs pharmaceutiques.

(4) Sélectionner les canaux de distribution efficaces.

Selon l'enquête, les consommateurs prêtent attention sur les sites de vente de produits quand au choix des produits. Entreprises de fabrication pharmaceutique devrait garantir l'accès des produits aux pharmacies régulières, en particulier, devrait être conjointe avec les grandes chaînes de pharmacies et assurer les médicaments parviennent aux mains des consommateurs en leur donnant le service de la marque chez pharmacies.

4.4.2 L'analyse du marché de plante médicinale chinoise

4.4.2. Un effet unique pour la psychologie du consommateur

On a recherché la raison psychologique pour la quelle les consommateurs choisissent un médicament occidental ou un médicament spécialité pharmaceutique chinois, le résultat montre que les médicaments spécialités pharmaceutiques chinois obtenir les soutiens de consommateurs grâce à leur efficacité uniques, tandis que les avantage des médicaments occidentaux se manifestent sur la convenance et la rapidité.

Selon l'enquête d'Horizon de Pékin: parmi les médicaments achetés dans les pharmacies en 2010, les consommateurs achetant principalement les médicaments occidentaux représentent 65,2% du total, ceux qui consomment principalement les médicaments spécialités pharmaceutiques chinois représentent 32.1% du total, et les consommateurs de plants médicinaux chinois représentent 2.7 %.

4.4.2.2 La plante médicinale chinoise face à des opportunités de développement

Avec la popularité croissante du concept ' retour à la nature' et 'la consommation verte', grâce à sa pureté et caractéristique naturelle, le modèle médical des plantes médicaux chinois transmettre du traitement médical à la prévention. L'extension de la fonction de soins de santé peut s'étendre le marché chinois des médicaments, et le stimuler.

Tableau 4-4 Le niveau de confiance de différents groupes d'âge sur l'efficacité de médicament chinois et occidentale

	Faire confiance en les médicaments chinois(%)	Faire confiance en les médicaments occidentaux(%)	chacun a son point fort(%)
18-24ans	28.8	30.4	33.5
25-34ans	29.8	18.0	47.4
35-44ans	30.2	27.1	38.7
45-54ans	32.9	23.4	40.8
Plus de 55ans	34.3	17.1	45.5

4.4.2.3 À l'heure actuelle les principaux problèmes du marché de plante médicinale chinoise

La longue durée de la prise de médicaments, le problème de saveur, l'emballage trop simple sont les problèmes principaux restant solutionner par l'industrie de médicaments chinois et les préoccupations des consommateurs quand à l'utilisation des médicaments chinois. Les attentes des consommateurs de la médecine chinoise sont efficace, rapide, durable, petites doses, moins de toxicité et effets secondaires, facile à prendre, à transporter, pratique de conserver. Les entreprises de médicaments chinois devraient apprendre le modèle de commercialisation de l'entreprise occidentale qui permet aux consommateurs de comprendre l'efficacité du produit, de s'assurer la sécurité de l'utilisation du produit.

Selon le dernier catalogue officiel d'OTC, les médicaments chinois brevetés occupent une part énorme de plus de 80%. En plus, les consommateurs ayant de plus en plus de reconnaissance sur des médicaments chinois, les achètent le plus en plus fréquent.

Si les fabricants de médicaments chinois veulent solutionner les problèmes existés sur le produit et le processus de marketing, le marché aura un avenir prometteur

4.4.3 Le marché rural

Dans les dernières décennies, la grande majorité des ventes sur le marché pharmaceutique dans la ville, les vastes régions rurales ne représentaient qu'une petite partie. À l'heure actuelle la Chine a plus que 80 pour cent de la population vit dans les zones rurales, la consommation de médicaments en milieu rural est un vaste marché. Pour des raisons diverses, développement de la Chine sur le marché rural est à la traîne dans ce marché ne représentaient que 12% -14% de la consommation pharmaceutique totale.

4.4.3.1 La psychologie de patients en milieu rural à l'achat de médicaments

Plus de 80% des patients dans les zones rurales considèrent en prioritaire le facteur de prix, le second est l'efficacité, les produits pharmaceutiques efficaces ayant un prix bas sont les préférés des consommateurs qui habitent dans les zones rurales.

Les patients sont indifférent sur l'origine de médicaments, cela veut dire que si c'est un médicament traditionnel chinois ou occidental. Ils sont également moins préoccupés par les effets secondaires de médicaments. Les consommateurs ruraux considèrent premièrement la rapidité de l'effet du traitement, voisent si les symptômes sont soulagés pendant 5-7 jours (pour médicament traditionnel chinois), 2-3 jours (pour médicament occidental), sinon ils vont penser ce n'est pas un bon médicament et changer rapidement un autre.

4.4.3.2 L'accès à l'information pour les patients en milieu rural

(1) Télévision et autres médias sont le moyen principal d'obtenir les informations des médicaments.

(2) Centres de santé ruraux, dispensaires, hôpitaux et pharmaciens.

(3) L'effet ‘‘ le bouche à oreille’’ est plus important dans la campagne que dans la ville.

4.4.3.3 Les caractéristiques du comportement des consommateurs des patients en milieu rural

(1) Aller à la consultation à proximité

(2) Achat des médicaments à leurs propres frais. Les ventes de OTC est supérieure à ceux dans l'hôpital.

(3) Les patients ruraux achètent des médicaments selon leurs expériences. Ils savent peu sur les médicaments, leurs connaissances des médicaments dérivent des

médecins, des publicités, et des pharmaciens. Leur fidélité à la marque du produit est haute, et ils sont toujours prêts d'essayer les médicaments qui ont un taux d'exposition élevé sur les médias de masse. Généralement ils vont acheter un peu, pour voir si cela fonctionne bien ou pas.

(4) Les résidents des régions rurales achètent habituellement les médicaments en petite quantité par nombreux fois, donc les produits avec petits colis et faible dose sont très populaires.

Si les entreprises domestiques veulent développer le marché rural, elles doivent lancer les produits qui convient les besoins du marché pharmaceutique rural selon la situation réelle des zones rurales de la Chine, ainsi que la psychologie et l'habitude de consommation des consommateurs ruraux, et leur endurance de prix.

En plus déployer des activités de marketing dans les aspects de la publicité du produit, de la promotion, du prix et des canaux. Cela pourra diriger la consommation des habitants ruraux. La future des entreprises sera prometteuse.

PARTIE V

Les contre-mesures de marketing des entreprises pharmaceutiques dans le nouvel environnement

5.1 L'instauration du système de marketing " Centré sur le client "

Point de vue de marketing moderne est le suivant: la victoire de la guerre commerciale n'est pas que vous occupez le nombre de centres commerciaux, c'est que vous occupez les cœurs de beaucoup de consommateurs, occupent le cœur des consommateurs, il a un fidèle consommateur, la mise en place de système de marketing de " Centrée sur le client " est donc un maillon important dans les efforts de marketing des entreprises pharmaceutiques.

5.1.1 La nécessité de construction de système de commercialisation de" Centrée sur le client "

À l'heure actuelle, un nombre considérable de sociétés pharmaceutiques dans le marketing pharmaceutique est souvent seulement resté dans la publicité et le coût de la promotion à ce niveau: un grand nombre de publicité sur les médicaments tourne dans les médias, les frais de publicité pharmaceutique annuel de la Chine est 2,3 milliards de dollars, mais seulement l'investissement annuel de Group Harbin Pharmaceutical est 160 millions de dollars autant.

Pour une partie des entreprises pharmaceutiques de joint-ventures et à capital entièrement étranger, ils adoptent des stratégies de marketing différentes que les entreprises pharmaceutiques chinoises. La mise en place de système de marketing " Centrée sur le client " de service de prévente et d'après-vente est devenue un moyen important pour les entreprises pharmaceutiques étrangères pour améliorer le bien connu et la réputation. Donc, pas seulement pour leur propre développement, mais pour améliorer la compétitivité du marché, les entreprises pharmaceutiques chinoises doivent établir un système de marketing "client-centrique".

5.1.2 Le contenu de système de commercialisation de " Centrée sur le client "

5.1.2.1 Contrôle de la qualité du produit

Les médicaments sont des produits spéciaux et de protéger les besoins de santé des consommateurs. Négligence la qualité des produits suscite le retard de traitement ou provoque des dégâts physiques.

Les sociétés de production et de gestion pharmaceutique devraient renforcer la gestion de l'information de la qualité des produits, combiné avec le réel, élaboration et perfection le système de gestion de la qualité et de production, la collecte en temps opportun d'informations de qualité, amélioration les fichiers de la qualité de médicaments, la production de produits de qualité assuré.

5.1.2.2 L'innovation marketing

Les entreprises peuvent utiliser l'essai gratuit, ou à des rabais aux consommateurs finaux, de sorte que les consommateurs ont directement connaissance perceptive et l'expérience personnelle de produits d'entreprise, réduisant ainsi le risque des achats de consommateurs ou du coût du traitement.

Dans la promotion des produits, les sociétés pharmaceutiques utilisent la publicité pour établir une image de marque, la publicité devrait de fournir complètement des informations sur les médicaments et des attentes fiables pour son traitement, de sorte que les consommateurs à comprendre le produit. Médicaments de qualité sont livrés aux clients à travers la propagande, il est un gagnant-gagnant pour les consommateurs et les compagnies pharmaceutiques.

5.1.2.3 La mise en place et l'amélioration de service après-vente

L'établissement de système de service prévente et vente, en même temps, le service après-vente est aussi extrêmement important. Excellent service après-vente est un bon moyen de maintenir une base de clients fidèles. Les entreprises pharmaceutiques fournissent un bon service après-vente, mais aussi être capables d'exploiter les opportunités de vente. À l'heure actuelle, de nombreuses entreprises chinoises fournissent spécifiquement téléphone gratuit aux clients pour répondre les demandes de l'utilisation, de la posologie, de le prix, de les effets indésirables, et a réalisé de très bons résultats.

5.1.2.4 Construction de l'image d'entreprise

Les entreprises pharmaceutiques devrait porter l'obligation sociale, participer à des activités de protection sociales, développement la publicité et l'éducation des connaissances de la santé au peuple, et apportent leur propre contribution à l'amélioration de la condition physique de peuple tandis que ils s'appliquent aux activités de marketing et tout en tenant compte des intérêts des entreprises.

5.2 L'élaboration et la mise en œuvre de la stratégie de marketing

5.2.1 Le positionnement de produit

Les entreprises font étude de marché détaillée dans le marché cible pendant que le développement d'un nouveau produit, les résultats de l'enquête permettra aux entreprises avoir une compréhension claire de la capacité du marché du produit en cours, de prix de la psychologie des consommateurs, des attentes de qualité des produits, des concurrents de produit, etc.

5.2.2 L'étude de marché

L'acuité de la concurrence dans le marché pharmaceutique, l'évolution du marché à tout moment est essentielle afin de survivre à la concurrence du marché. Commercialisé de nouveaux produits, étude de marché dans le marketing est la première étape pour s'assurer que les nouveaux produits entrent le marché, l'étude de marché dans le marketing de produits pharmaceutiques, y compris les trois éléments de base: l'enquête du concept de produit; l'enquête de prix de produit, l'enquête de suivi de marché.

5.2.2.1 L'enquête concept de produit

5.2.2.2 L'enquête sur les prix des médicaments

5.2.2.3 L'enquête de suivi de produits commercialisé

Le suivi de commercialisé de produit dans cinq principaux aspects: les changements de la réputation de produit, le changement de taux d'utilisation de produit; les changements de connaitre la clientèle cible le produit, de refléter la clientèle cible des avantages et les inconvénients de produit, les raisons d'utilisation de produit ou pas pour la clientèle cible: le jugement dans le changement futur de taux d'utilisation.

5.2.3 Stratégie de vente de produit

5.2.3.1 L'analyse d'inconvénients de la stratégie de marketing de produits pharmaceutiques

(1) Système de rachat de marketing n'est pas propice à leur opération de marketing globale, face à la fragmentation des opérateurs régionaux de se concentrer uniquement sur leurs propres intérêts.

(2) Rachat de marketing et vente avec un pot-de-vin font le désordre au système de gestion d'entreprise

(3) L'instabilité de système de rachat de marketing

5.2.3.2 Les caractéristiques du système de répartition régionale

①Faciliter la surveillance d'entreprise sur le marché

② Une compression efficace de dette active

③ Vous pouvez réduire la perte de des actifs non performants.

④ Aider à réduire le coût des ventes.

⑤ Peut mieux développer le marché.

⑥ Propice à l'édification d'équipes de vente.

5.3 La stratégie de marque

Avec la concurrence du marché de plus en plus féroce, la marque est devenue le noyau de la compétitivité des entreprises. Selon le Président Larry de Société américaine de valeur de la marque. Wright, occuper le marché est plus important que d'avoir des usines, le seul moyen d'avoir un marché est d'avoir une marque dominante.

Selon la dernière enquête de l'Administration d'Etat pharmaceutique, en 2010, il y a près de 40 types de production des marques de coentreprises parmi les 50 médicaments les plus populaires sur le marché pharmaceutique de la Chine. Comme Xi'an Janssen, GlaxoSmithKline, etc. D'autres produites pharmaceutiques présentent seulement moins de 50% de chiffre d'affaires du marché, le bénéfice sur les ventes sont seulement de 12%, tandis que les bénéfices des ventes de médicaments des entreprises joint-venture détenue est plus de 20-30%. L'enquête a également montré que la tendance de choisir les marques bien connue chez consommateurs et chez la médecine clinique.

Médicament est différent de la nourriture, on ne peut pas les prendre simplement comme on veut. Grace à sa bonne construction et gestion de la marque, le produit de capitaux étrangers établit une bonne impression au niveau de la qualité dans l'esprit des consommateurs. Les consommateurs ont déclaré: "Bien sûr j'achète des médicaments de grande marque, je plaisanterai jamais sur ma propos santé, la qualité des médicaments étrangers ont toujours une qualité sincère, même si ils sont un peu chers par apport aux autres médicaments, ce n'est pas un grand problème.'' Visible, l'importance de la commercialisation pour la marque pharmaceutique.

5.3.1 Les relations internes de la marque et image de l'entreprise

La marque est une partie intégrante de l'image corporative, image de l'entreprise est une combinaison de deux parties de l'esprit intérieur et les choses explicites, la marque est la combinaison de trinity des marques de commerce, dénominations de société et nom de produit.

5.3.2 La sstratégie de marque

5.3.2.1 Le positionnement de la marque

Le positionnement de la marque est la prémisse d'entreé le marché et de l'expansion du marché, propagande réussie de marque fait jouer un rôle de navigation d'entreé le marché des produits pharmaceutiques et de développement de marché.

Médicament d'anti-infectieux "Fortum" de GlaxoSmithKline société pharmaceutique, est maintenant antibiotique utilisé large en clinique, coûté un bon prix, a été parmi les dix premiers dans le monde des médicaments anti-infectieux de vente classements.

"Fortum" identifie les valeurs fondamentales de la marque - la dernière barrière d'infection grave. Les médecins ont mis l'utilisation "Fortum" comme dernier médicament d'atout pour sauver le patient infecté grave en clinique.

Positionnement de la marque excellente, d'une part pour satisfaire le marché cible, d'autre part nécessaire de l'excellence des produits et une qualité durable, une combinaison des deux, et de travailler ensemble pour construire une image parfaite de "Fortum" dans l'esprit des médecins cliniciens.

5.3.2.2 Nom de marque

Le choix de nom de la marque dépend naturellement le goût de consommateur, ce qui est particulièrement évident dans le marché des médicaments en vente libre.

5.3.2.3 La personnalité de la marque

S'oublient facilement, si la marque sans personnalité, la marque doit toucher profondément et influence un grand nombre de consommateurs.

5.3.2.4 L'évocation de marque

Processus de publicité large est essentiellement le processus d'établissement de marque, de renforcement de l'image de l'entreprise, et de valorisation des actifs incorporels.

5.3.3 La gestion de la marque

Avec la concurrence sur le marché de plus en plus féroce, la fonction de la marque de prendre le monde est très évident. Après l'établissement de la marque de produit pharmaceutique, il doit prêter attention à la gestion scientifique de la marque.

(1) L'enregistrement des marques
(2) La création de la marque doit être sélectif
(3) Le maintien de la marque
(4) Les activités de service public façonnent l'image de marque de l'entreprise

Les bénéfices des entreprises sont issus de la société et les retourne à la société, il s'agit d'une question de cours. Participent à des activités publiques et promeuvent les connaissances de la santé afin d'améliorer l'image de marque de l'entreprise est aussi très bénéfique pour le public d'établir la façon juste d'utilisation de médicament.

5.3.4 Extension de la stratégie de marque

Stratégie de marque a été acceptée par les entreprises pharmaceutiques, mais un seul produit à l'heure actuelle a été difficile de maintenir la marque, diversifiée, multi-marchés expansion de la marque, pour faire de la marque une longue durée.

5.3.4.1 Développement de nouveaux projets ou produit pour extension de marque

5.3.4.2 L'extension du marché de marque

Médicaments se divisent en les médicaments sur ordonnance et sans ordonnance, visent des différents consommateurs et des différents marchés. Après l'établissement de marque de produit dans un marché, il sera naturellement entraîné la vente d'un autre marché.

Xi'an Johnson & Johnson entreprise attache d'une grande importance à étendre le marché de la marque. Un nouveau lancement de produit, les premières ventes dans les hôpitaux, renforce la marque dans les médecins cliniciens par la promotion académique.

Après que le produit a une grande visibilité, un accès complet au marché de détail, formule une stratégie viable de ventes, accroît les investissements dans le marché de détail, les représentants typiques de ses produits sont domperidone et crème de miconazole, en 2001 domperidone et crème de miconazole sont situés le top de 13 et 21 des ventes de mono-produit en Chine.

5.4 L'innovation de marketing

Avec l'expansion incessante du marché pharmaceutique, il y a plus en plus d'entreprises participent à la concurrence afin de se tailler la part de marché. En plus, La concurrence est plus en plus libre sur le marché, ce qui fait que les entreprises se trouvent sous une pression concurrentielle. Le fonctionnement efficace du marché, la stratégie d'exploitation possible sont les conditions nécessaires pour les entreprises voulant participer à la compétition.

Le marketing des produits pharmaceutiques sont plus formé dans les pays développés que en Chine, la commercialisation s'appuie largement sur la mode de promotion de biens de consommation, suivre la mode de marketing intégré 'diversification des moyens de promotions pour un seul objet' dont le rendement est plus élevé sur le taux d'investissement. Par conséquent, la publicité professionnelle, le soutien médical, une stratégie de prix raisonnable seront les principaux moyens de marketing des compagnies pharmaceutiques dans le nouvel environnement.

5.4.1 La diffusion de la publicité

On peut dire que les publicités est le moyen principal d'accumuler la réputation, d'élever image de la marque et de stimuler la vente. Le but de la publicité est d'améliorer la visibilité du produit et, finalement, d'augmenter les ventes de produits. À l'heure actuelle, la plupart des entreprises ont un tel reconnue: pour améliorer les ventes de produits on doit faire la publicité, à grande échelle, avec un inversement élevé. C'est évidemment un malentendu.

(1) Publicité n'est pas la seule façon d'améliorer les ventes de produits
(2) La stratégie publicitaire n'est pas appropriée tous les produits pharmaceutiques
(3) Il faut mettre scientifiquement la publicité.

5.4.2 Le soutien médical

Les Représentants font promotion académique sera le principal moyen de promotionner de médicaments cliniques, ils peuvent transmettre les Informations de produits à chaque clinicien.

5.4.2.1 La formation des médecins

Les organisateurs invitent des médecins et des pharmaciens locaux de participer la formation pendant la quelle les représentants de marketing de l'entreprise expliquent le principe de développement de nouveaux produits, la fonction clinique, la comparaison concurrent, et les considérations connexes.

5.4.2.2 La promotion de délégué médical

La promotion de délégué médical est une source importante des ventes de produits. Les délégués médicaux visitent régulièrement chez des médecins, et communiquent monogamiquement avec ces médecins: d'une part pour convaincre les médecins d'utiliser des produits de l'entreprise; d'autre part, pour étudier l'utilisation des produits de l'entreprise en enquêtant le marché.

5.4.2.3 La propagande de média

Les pubs sur les revues de médecine ou de pharmacie peuvent affecter l'attitude de professionnels médicaux, ce qui est une bonne façon pour leur faire accepter le produit.

5.4.3 La stratégie de prix raisonnable

La stratégie de tarification est le principal moyen de nombreuses entreprises pour accroître la part de marché. Cependant, la guerre des prix excessive est une concurrence vicieux comme le chien dans la crèche. Cependant, les éléments irrationnel dans l'environnement de marché pharmaceutique nationale rend la guerre des prix est inévitable, dans ce cas, établissement d'une stratégie de prix raisonnable est nécessaire.

Dans le processus de marché du produit, on devrait combiner la stratégie de tarification, le soutien médical, la publicité professionnelle, la stratégie de prix est le pilote, un soutien médical et la publicité professionnelle sont le support, entrer le marché de façon constante a fin de gagner la part grande du marché.

5.5 L'innovation des canaux de la distribution

5.5.1 Le but de l'innovants de canaux de distribution

Le système de circulation de toute pharmaceutique en Chine retarde pour long terme, ce qui affecter la perfection du mécanisme de la circulation et de la concurrence. Il y a en total de 14.000 d'entreprises de circulation en Chine parmi les quelles les volumes annuels des ventes plus de 20 millions de yuans sont moins de 400, le bénéfice annuel des sociétés pharmaceutiques en Chine est moins de 1%, tandis que le coût des ventes a atteint 12%.

5.5.2 La stratégie de base d'innovants de canaux de distribution

Avec la formation du nouvel environnement du marché pharmaceutique chinois, les canaux pharmaceutiques devraient être élevé aux 5 sens : grande échelle du groupe, l'intégration horizontale, la modernisation des entreprises, la diversification des activités, le réseau de commercialisation, a fin de former une force concurrentielle du noyau.

5.5.2.1 À grande échelle du groupe

La mise en œuvre de l'ampleur de l'opération peut apporter les économies d'échelle. Sociétés chinoises de distribution de produits pharmaceutiques devraient accélérer la prolifération et l'expansion de la capitale en alliant, fusionnant et faisant les acquisitions, a fin de réaliser un développement extraordinaire, d'améliorer leur propre force.

5.5.2.2 L'intégration horizontale

Les fabricants, les grossistes, hôpitaux, pharmacies, compagnies pharmaceutiques et les terminaux de vente au détail se forment des relations partenariales stratégiques, construisent des alliances commerciales stratégiques afin de réduire le frottement interne entre les canaux, et d'élever les l'efficacité opérationnelle des canaux.

(1) Les entreprises de production de médicaments s'allient avec de grandes entreprises de distribution de produits pharmaceutiques, afin d'utiliser la forte relation de placement et les ressources du réseau les entreprises commerciales de circulation.

(2) Les hôpitaux, les pharmacies et les autres terminaux pharmaceutiques de détail s'allient avec les commerces pharmaceutiques pour faire des achats en grand quantité, et réduire les coûts d'approvisionnement.

(3) Les sociétés de distribution pharmaceutique collaborent avec les fabricants de terminaux et de détail, afin d'assurer l'écoulement normal des produits et des capitaux en stabilisant les approvisionnements et les canaux.

5.5.2.3 La modernisation des entreprises

Les entreprises adoptent des moyens avancés de transaction et de règlement dans les activités de gestion de marketing et commerciaux, afin de s'assurer l'expansion des canaux à faible coût et à haute efficacité. Unifier les normes en cinq domaines : l'identification des produits, l'achat, la distribution, la gestion des prix, et le service. Promotionner les transactions de commerce électronique. Améliorer l'efficacité, réduire les coûts de la distribution pharmaceutique.

5.5.2.4 La diversification des activités

À l'heure actuelle, il y a nombreux de chaînes de pharmacies adoptent le modèle de diversification dans des pays occidentaux .Ils vendent principalement des produits à base pharmaceutiques, en même temps, en prenant en compte les produits liés à la santé et d'autres nécessités quotidiennes. Les entreprises chinoises pharmaceutiques devraient apprendre de ce modèle pour diversifier le risque commercial.

5.5.2.5 Le réseau de commercialisation

(1) Mise en place de réseaux d' e-marketing, promotionner les modèles de commerce de B2B et B2C en ligne, créer des méthodes avancé de marketing, et établir une nouvelle image des sociétés de distribution pharmaceutique.

(2) Améliorer la distribution logistique pour perfectionner le réseau logistique.

Conclusion

L'adhésion à l'OMC de l'industrie pharmaceutique chinoise est une occasion rare de développement. En même temps s'ouvre de nouveaux marchés pour le développement économique de l'industrie pharmaceutique chinoise, cela va accélérer le changement des productions et des systèmes de circulation qui ne s'adaptent pas à l'économie du marché. Cela aide aussi abandonner les idées rigides, construire de nouvelles idées adaptées à l'économie du marché. Du point de vue de l'intérêt général et de l'intérêt à long terme, les opportunités sont rares.

"Mais il n'y a pas de repas gratuit", avec l'adhésion à l'OMC, les sociétés pharmaceutiques sont confrontés à «l'internationalisation» de la concurrence du marché. Dans la protection administrative à long terme, la concurrence intérieure reste à un faible niveau. La technologie de production de l'industrie pharmaceutique chinoise, le niveau d'équipement, le niveau de la recherche et la gestion d'entreprise sont relativement en arriérés par rapport aux pays développés de l'Europe et des États-Unis. Il manque de sérieuses connaissances de la réglementation pharmaceutique et des règles du marché dans les pays et régions différentes.

Ces dernières années, le gouvernement a mis en place un certain nombre de lois et règlements sur le marché pharmaceutique chinois afin de promouvoir le développement du marché intérieur des produits pharmaceutiques et de protéger la sécurité d'utilisation de médicaments.

Dans l'environnement du marché concurrentiel, avoir un groupe de consommateurs fidèles est l'objectif d'une entreprise. Etablir un système de marketing "centré sur le client" est une bonne façon de former des clients fidèles. Le marketing d'entreprise n'offert pas seulement des produits aux consommateurs, mais aussi leur offrir des services avant-vente et après-vente, afin de former une bonne relation entre les entreprises et les clients, ainsi accroître la confiance des consommateurs sur les produits de l'entreprise, de sorte que les ventes de produit forme un cercle continu.

Suivi les changements de la demande de la consommation sur le marché pharmaceutique, les marchés de OTC, de spécialité pharmaceutique chinoise et le marché rural auront la place la plus important dans la consommation de médicaments en Chine.

Pas seulement pour leur propre développement, mais pour améliorer la compétitivité du marché, les entreprises pharmaceutiques chinoises doivent établir un système de marketing "centré sur le client". En même temps, l'étude de marché dans le marketing est la première étape pour s'assurer que les nouveaux produits entrent sur le marché. Il faut changer la stratégie de marketing traditionnel, mettre en œuvre un système de distribution régionale totale est facile à la surveillance de l'entreprise sur le marché, aider à réduire le coût des ventes et la perte des actifs non performants, mieux développer le marché et renforcer les équipes de vente.

Pendant l'opération du marché des produits, on devrait combiner la stratégie de tarification, le soutien médical et la publicité professionnelle, la stratégie de tarification qui est le pilote, un soutien médical et la publicité professionnelle qui sont le support, coordonner l'opération et régulièrement faire avancer le marché afin de gagner la plupart du marché.

Avec la formation du nouvel environnement du marché pharmaceutique chinois, les canaux pharmaceutiques devraient améliorer les 5 suivant points : la grande échelle du groupe, l'intégration horizontale, la modernisation des entreprises, la diversification des activités, le réseau de commercialisation, afin de créer une force concurrentielle du noyau.

La mise en œuvre de l'opération peut apporter de l'ampleur à l'économie. Les canaux de distribution de produits pharmaceutiques chinois devraient accélérer la création d'alliances, des fusions et d'acquisitions, des restructurations, afin de réaliser un développement extraordinaire, d'améliorer leur propre force et de réaliser la valorisation rapide et l'expansion du capital.

Les entreprises adoptent des moyens avancés de transaction et de règlement dans les activités commerciales et la gestion du marketing, afin de s'assurer du canal de distribution et de l'expansion à coût bas et à haute efficacité.

Tous ces éléments devraient avoir pour objectif commun unique : offrir les produits et les services qui apportent la satisfaction aux consommateurs, les entreprises auront un groupe de consommateurs fidèles, ce qui est augmentera leur réputation et leur notoriété, de manière à assurer la survie et le développement des entreprises.

Bibliographies

Ouvrages et Revues

DUNAE.E.KNAPP: «Expert on genuine brands», Gestion des affaires Press, 2001

Eugene H.Fram and Martin. L. Persberg, «Customer Partnering Supplies' Attitudes and Mark Realities», J*ournal of Business& Industrial Marking 8*. NO 4(1993): 43-5.

GORDON.R.FOXALL: «Consumer Psychology for Marketing»,Van Nostrand Reinhold,1994

HUIJUN WEN: «Comment établisse l'image de la marque», *Pharmacie chinois*, Août, 2000

LOUIS W.STERN: «Marketing Channels»5th edition, Qinghua University Press, 2000

MARIE-PIERRE SERRE, D. WALLET-WODKA, *Marketing des produits de santé,* Dunod, Paris, 2008

OUILLET CHRISTIAN, *Marketing aliments et santé*, Ria, Paris, 2006

PAULE BOURRET, *Les cadres de santé à l'hopital,* Seli Arslan, Paris, 2006

PHILIP KOTLER. «Marketing Management: Application, Planning, Implementation and Control», Pearson US Imports & PHIPEs, 9th Revised edition, 24 Juliet 1996

Quinn, J.B. (1992) Intelligent Enterprise, The Free Press, New York, Ny.

ROBERT L. ZILLIS: «Vente centrée sur le client», Gestion des affaires Press, 1999

SASSER, WE,JR, CHRISTOPHER,W.L., and HESKE TT, J.L(1991),The service Management Course, The Free Press, New York, N y.

XIAO HUANG: «Les problèmes rencontrés par l'industrie pharmaceutique dans la nouvelle situation et contre-mesures», *La médecine chinoise*, Mai 2001

YOSHIDA, K. «New economic principles in America-Competition and cooperation: a comparative study of the U .S and Japan». *The Columbia Journal o f world Business*, Vol. XXUJ, No IV Winter 1992

ZHENGRONG LI: «Mesures pour la concurrence dans l'industrie pharmaceutique après l'adhésion de la Chine à l'OMC», *Magazine de science pharmaceutique de l'Ouest de la Chine* Volume 16ème

Sites

ANRT.ASSO par Bourguinat Elisabeth, «Les réseaux mondiaux d'innovation dans l'industrie pharmaceutique », <http://www.anrt.asso.fr/fr/pdf/synthese_RMI_160306.pdf>, 2006

BIOON, En 2015 marché pharmaceutique de la Chine atteindra les rangs des trillions échelle sera le deuxième dans le monde, <http://www.bioon.com/industry/market/523905.shtml>, 2012

IMS, Analyse de débouché du marché de médicaments génériques, <http://www.phirda.com/Study_Mes.aspx?type=34&id=3831>

LE NOUVEL ECONOMISTE par Paracchini Andrea, « Le nouvel eldorado des BRIC. Avec tout ce que cela signifie », <http://www.lenouveleconomiste.fr/lesdossiers/economie-de-la-sante-pharmerging-13631>, 2012

MARKETING-SANTE-GUIDE, « La pharma face à ses transitions »,

<http://www.marketing-sante-guide.fr/wp-content/uploads/2011/contenu.pdf >, 2011

VET-AVEF par Maurice Nicole, « Rapport de recherche de marché des médicaments chinois hors brevet», <http://www.vet-avef.com/rapport-de-recherche-de-marche-des-medicaments-chinois-hors-brevet-2009.html>, 2009

XINHUA NET, «2010Blue Book du développement du marché pharmaceutique du marché chinois » <http://news.xinhuanet.com/health/2010-11/05/c_12741594.htm>, 2010

Sommaire

www.ingramcontent.com/pod-product-compliance
Ingram Content Group UK Ltd.
Pitfield, Milton Keynes, MK11 3LW, UK
UKHW060401300726
14090UKWH00001B/57

9789975154581